AUX ÉLECTEURS DE 1846.

« Qui veut la fin veut les moyens. »

MESSIEURS ,

Je suis électeur comme vous, et, pénétré de l'importance de notre mission, je cherche le but auquel nous devons tendre, le chemin qui peut nous y conduire. Je m'adresse à vous tous, parce que, Français, nous voulons tous le *bonheur de la France*. Notre but, le voilà. Que devons-nous faire pour y atteindre ? — *Choisir de bons législateurs.*

Le corps électoral est le moteur du mécanisme représentatif. La *majorité* de nos élus détermine le choix des ministres et la marche des affaires; sans députés, point de budget; sans budget, point de gouvernement. Si la couronne était en désaccord avec la chambre élective, quel serait l'arbitre du différend?— Le corps électoral. Quand le Roi vous consulte, le premier de vos devoirs, le plus grand de vos intérêts, c'est de répondre par un vote consciencieux et éclairé. Choisissons bien, tout ira bien. Avec de bons députés, nous aurons de *bonnes lois, bien exécutées;* avec de bonnes lois, bien exécutées, une nation est heureuse.

Nous donnons à nos élus *carte blanche*, même pour les

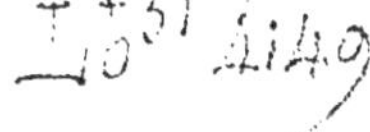

cas imprévus. Savions-nous en 1829 qu'ils exerceraient le *pouvoir constituant?* Savions-nous en 1842 qu'ils régleraient la *régence?* Savions-nous ce que les circonstances exigeront de ceux que nous élirons le 1er août?

Jamais peut-être, depuis 50 ans, élection ne fut plus importante que celle qui nous occupe.

La prochaine législature doit résoudre des questions sociales de premier ordre : liberté d'enseignement, liberté du travail, liberté des échanges, paupérisme, octrois, système hypothécaire, système pénitencier, etc. Mesurons le mandataire au mandat, et qu'on ne dise plus, à la vue d'un législateur : « Quel est donc le pauvre arrondissement qui nomme un si pauvre député? »

La nation grandit, la représentation nationale décroît. Nos premières assemblées comptaient *par centaines* les hommes supérieurs; nous comptons aujourd'hui par *unités.* La Gironde est muette; qu'est devenue la députation de la Seine, encore si brillante sous la restauration?

L'amoindrissement de la branche élective, *quant aux individus,* est d'autant plus dangereux, qu'elle prend, comme *corps,* plus de puissance. Ne pensez pas qu'il soit indifférent de donner tant de force à la médiocrité : chaque arbre a son fruit; la médiocrité fait les choses médiocres. Le chef de l'état ne peut se servir que des instruments que nous lui fournissons. Choisissons mieux, les améliorations seront moins lentes, et plus complètes.

La médiocrité de nos députés a plusieurs causes :

Lorsqu'on voulut descendre l'élection du département à l'arrondissement, un grand orateur s'écria: « Qu'allez-vous faire? Chaque arrondissement vous enverra du vin de son crû..., dans une cruche. » En effet, les *notabilités de clocher* ont succédé peu à peu aux *supériorités*; et le porteur d'un petit mandat, serré de près par ses quelques électeurs, a tant de petites choses à demander pour eux, qu'il néglige les grandes. Qu'ils sont petits nos députés, en présence de la majesté royale ! Que la valeur du mandataire supplée du moins à l'exiguïté du mandat !

Sans doute, l'élu doit faire à son arrondissement le plus de bien possible, mais sans jamais perdre de vue l'intérêt général, sa boussole invariable.

On nomme celui qui fait le plus de promesses.... L'homme supérieur ne promet pas, il fait.

On choisit un champion contre le ministère ou pour lui... Comme si le ministère pouvait avoir toujours tort, ou toujours raison !

Un électeur promet sa voix, et, s'il arrive un candidat préférable, il se trouve obligé de manquer à sa parole ou à son devoir.

Un autre la vend ou l'échange, et croit user d'un droit. Non, malheureux : *ta voix appartient au plus digne...* Lis donc le Code pénal !

On a vu des colléges électoraux faire marché de l'élection ! Ah ! si le pouvoir législatif était à l'encan ! si l'on pouvait acheter le budget, en achetant la moitié pauvre de nos colléges électoraux !... Mais non, cela n'est pas à craindre parmi nous, et, s'il fallait opter entre le gouvernement de Louis XIV et celui de Walpole, nous Francs, toujours dignes de nos braves aïeux, nous renverrions à coups de chansons et d'épigrammes Walpole à John Bull, et de toutes parts surgiraient des Béranger, des Paul Louis, pour flageller ces Turcarets ambitieux, auxquels notre or ne suffirait plus.

Mais voyez où pourrait conduire la corruption !

Les partis, l'indifférence, l'erreur surtout, concourent à vicier nos choix.

Les partis. Seize années et cinq législatures ont ratifié la Charte et le gouvernement du 9 août. Cependant les illusions ne sont pas détruites, et l'on voit encore des électeurs, et même des colléges, faire des choix hostiles ; on les voit se réjouir de leur propre malheur et s'affliger du bonheur de la France ! Le temps seul peut guérir certaines blessures, mais la raison peut hâter l'action du temps. Respect aux convictions inoffensives !

L'*indifférence* des électeurs honnêtes et éclairés abandonne à quelques meneurs une *influence* qu'ils exploitent au détriment du pays. Un peu d'union, beaucoup de zèle, feraient cesser le mal, et l'élection serait l'expression réelle des vœux de l'arrondissement, et le député ne serait plus sous la férule des meneurs exigeants.

Nos mœurs sont encore généralement en arrière de nos institutions. Hâtons-nous de les façonner au gouvernement représentatif, le seul désormais qui puisse convenir à la France, et commençons par la réforme des mœurs électorales. Un suffrage peut influer sur les destinées de la France, car un suffrage peut déterminer l'élection, et la voix d'un seul député suffit pour déterminer le sort d'une mesure décisive.

Voter, bien voter, et faire en sorte que les autres votent et votent bien, tel est le devoir de tout citoyen qui a l'honneur de faire partie du corps électoral.

Mais ne nous traitons plus les uns les autres en ennemis. Aux yeux du ministériel, un opposant est *factieux* ; aux yeux d'un opposant, un ministériel est *servile*.... Non , parmi nous il n'y a pas de *servilité* ni de *factions* ; il y a des *malentendus* sur lesquels nous devons finir par nous entendre, puisque nous avons tous en vue le même but. Le malentendu résulte de quelques *erreurs*. Voici, mes chers collègues, celles qui nuisent le plus à nos choix :

Le gouvernement est un ennemi contre lequel nous devons nous tenir en garde. Non, le gouvernement que la France elle-même s'est donné a pour unique mission, pour but unique, le bien du pays. Ce n'est pas un ennemi, c'est un père. Hâtons-nous de corriger une habitude fatale, contractée sous un gouvernement qui avait eu l'étranger pour parrain.

La Charte peut être modifiée. Non, le roi l'a jurée ; les députés l'ont jurée ; les pairs l'ont jurée ; les électeurs l'ont jurée ; tous les fonctionnaires l'ont jurée. Qui donc en France a le droit de parjure ? Une révolution l'a faite ; une révolution peut seule la défaire, et malheur à qui la tenterait ! Les derniers ministres de Charles X l'avertissent du sort qui l'attend.

Il faut au pays deux choses : stabilité, progrès. Une Charte immuable, voilà pour la stabilité ; des lois qu'on modifie suivant les besoins, mais toujours conformément à la Charte, voilà pour le progrès.

Disons tous avec le général Foy : « La Charte ! toute la Charte ! rien que la Charte ! »

Le roi règne, et ne gouverne pas. Belle antithèse, contraire à la Charte, au sens commun, et aux mœurs nationales. Quand il conviendrait aux Anglais, ce qui n'est pas vrai, d'avoir sur le trône un soliveau, la France voudrait toujours un chef sérieux. La couronne, en France, ne peut même pas tomber en quenouille.

La Charte institue le *gouvernement du roi.* Si le roi ne gouvernait pas, il manquerait à son devoir. Il gouverne ;

il gouverne suivant les lois, à la confection desquelles nous concourons par nos députés ; il gouverne par des ministres choisis dans le sens de nos élections ; il gouverne en se conformant à la volonté générale, dont nous sommes les organes immédiats... Et qui peut s'intéresser à l'honneur, à la prospérité de la France, plus que le roi des Français ? Intérêt d'amour-propre, intérêt d'honneur, intérêt de famille, tout le porte à bien faire. Pouvons-nous, du fond de nos communes, juger aussi bien que lui ce qu'il faut faire, ce qu'il faut éviter pour soutenir le drapeau national ? Un ministre qui passe connaît-il nos grands intérêts comme un roi qui reste ? Faut-il jouer cartes sur table avec des nations qui cachent leur jeu ? Faut-il livrer tous les *secrets d'état* à un homme qui sera demain dans l'opposition ? Et si l'improvisation les divulguait !

—Mais l'hérédité peut nous donner un Louis XIII....
—Nous trouverons un Richelieu ; en attendant, profitons de l'expérience et de l'habileté du monarque vénérable auquel nous avons confié les destinées de la France. Quand je vois l'Europe, le monde entier, faire des vœux pour la prolongation de son règne, je ne puis me défendre d'un sentiment de pitié pour certaines dissidences opiniâtres... On est bien malheureux quand on ne peut aimer son pays tel qu'il est, tel qu'il veut être !

« *La corruption est de l'essence du gouvernement représentatif.* » Nous concluons du particulier au général ; et, de ce que la corruption ronge la Grande-Bretagne, nous induisons qu'elle doit aussi ronger la France constitutionnelle. Chaque peuple a ses mœurs : le Français n'est pas aussi mercantile que l'Anglais. Avons-nous la taxe des pauvres ? Avons-nous les substitutions et le droit d'aînesse? Imitons ce que nos voisins ont d'utile, mais gardons-nous d'imiter aussi leurs défauts. Montesquieu dit que leur gouvernement périra par la corruption; faut-il que nous commencions, nous, par où ils doivent finir?

Le principe électif a pour but, entre autres choses, d'épurer les mœurs, en appelant aux affaires *les plus dignes...* S'il corrompt au lieu d'épurer, c'est qu'on le fausse.

La corruption n'est de l'essence d'aucun gouvernement : elle est funeste dans tous; c'est un des plus mauvais moyens de gouverner; une arme qui finit toujours par blesser la main qui l'emploie. N'avons-nous pas vu tomber les ministres qui en ont essayé? Quand un ministre sait proposer les mesures que le pays désire, il n'a pas besoin de la corruption pour les faire adopter. Voyez les crédits supplémentaires de la marine adoptés à l'unanimité !

La corruption est antipathique à nos mœurs généreuses, et nous devons l'empêcher d'y pénétrer.

Électeurs, ne vous laissez pas suborner comme de faux témoins. Que diriez-vous d'un juré qui vendrait sa voix? d'un arbitre qui vendrait sa sentence? Vous êtes jurés, vous êtes arbitres, et vous prononcez sur le sort de 34 millions de concitoyens.

J'ai dit les principales causes d'amoindrissement de la représentation nationale, et, vous le voyez, toutes cesseront quand il vous plaira.

Que les plus éclairés d'entre vous disent aux autres : « Si vous choisissez un homme *besogneux*, il fera ses affaires et négligera les vôtres; un mauvais avocat, il plaidera mal votre cause ; un mandataire pour dire toujours *oui*, ou toujours *non*, les yeux et les oreilles fermés, il repoussera même ce qui vous serait utile ; un *incapable*, il trahira vos intérêts, croyant les servir. »

N'est pas qui veut bon député. Combien de candidats, honorables d'ailleurs, cesseraient de solliciter vos suffrages, s'ils étaient assez éclairés pour voir leur inaptitude !

Mais on est député, comme on est comte ou marquis. On dîne bien chez les ministres ; on va, sans costume, au bal de la cour ; on entre partout sans attendre ; on obtient des faveurs, des passe-droits... et on se croit législateur ! Malleville, Treilhard, Tronchet, Portalis, humiliez-vous ; la réforme hypothécaire sera faite par des législateurs qui n'ont jamais lu vos travaux immortels !

Cherchons des hommes *capables* et *dignes* de stipuler à la fois nos intérêts et nos opinions ; chargeons-les d'approuver tout ce qui est utile, de repousser tout ce qui serait mauvais, sans examiner d'où part la proposition. Le serment qu'ils prêteront avant de siéger les y forcera d'ailleurs, et nous ne pouvons exiger d'eux un parjure.

Les partis s'en vont ; le pays reste. Envoyons au congrès national des hommes dévoués au pays, non à un parti.

La France ne doit pas tourner éternellement dans le cercle vicieux des révolutions, des restaurations, des contre-révolutions : l'état normal des sociétés, c'est l'ordre et la paix. Les révolutions elles-mêmes ne sont qu'un des moyens de rentrer dans l'ordre altéré.

La France veut conserver et accroître ses éléments de bien-être ; votons dans le sens de la *conservation avec progrès modéré.* Pas de *progrès*, si nous ne conservons ce que nos pères ont acquis, ce que nous avons ajouté à leurs

conquêtes; pas de *conservation*, si nous nous arrêtons à
moitié chemin : l'eau courante se purifie, l'eau stagnante
se corrompt.

Conserver ce qu'on a, l'améliorer, y ajouter ce dont on
manque, c'est aller sagement.

Il y a pour chaque arrondissement honneur et intérêt
à faire de bons choix. Quand Martignac posait les princi-
pes de la liberté de la presse, quand il flétrissait la corruption, ou qu'il demandait en termes entraînants la fu-
sion des partis au creuset de l'intérêt général, son département était honoré d'un si beau choix. Ceux qui avaient
élu Foy, Royer-Collard, Casimir Périer, étaient fiers
aussi de leurs députés. N'est-il pas évident que l'arrondissement qui fait un bon choix est mieux servi que ceux
qui se contentent d'hommes obscurs? Je pourrais citer
une ville qui eût eu la Préfecture, si ses droits avaient
été mieux défendus. Un bon avocat gagne la cause qu'un
mauvais aurait perdue.

Mais les hommes forts sont rares... à la Chambre, oui;
en France, non. La Chambre des pairs écrème, il est vrai;
mais le pays des Sully, des Richelieu, des Colbert, des
Vauban, des Turgot, des Mirabeau, des Carnot, des
Brune, des Napoléon, ce pays si fertile en grands hommes, nous fournira toujours plus de 459 hommes supérieurs. Sachons distinguer ceux qui le sont, ou qui ont
assez de portée pour le devenir. Et quand nous avons eu
le malheur de nous tromper, ayons le courage, à la législature suivante, de rendre à la vie privée celui qui aurait
dû y rester, pour son propre bien et pour le bien du pays.
Quelques exemples dégoûteront peut-être les médio-
crités.

La députation n'est pas un hochet; c'est le plus beau

des droits que des citoyens puissent conférer à leur con-
citoyen.

Jeune homme, vous voulez toucher à nos Codes, et vous
ne les avez pas lus ! Vous voulez régler l'impôt, et vous
ne connaissez pas les forces productives du pays ! Étudiez
d'abord, puis nous verrons.

« Mais je veux faire de l'opposition, et rien n'est plus
» facile ; car il suffit de dire *non*, quand le ministre dit
» *oui;* de dire *oui*, quand il dit *non*. Il suffit d'avoir les
» yeux tournés vers le chef de file ; de se lever quand il
» se lève, et de crier quand il s'agite. »

Un autre fait le même raisonnement dans le sens ministériel ; et voilà deux champions qui se neutralisent, et
voilà deux flambeaux de moins.

Mais n'y a-t-il pas assez de parleurs ? — Il n'y en aurait
jamais trop, s'ils ne disaient que ce qu'il faut dire. Mais
il arrive en beaucoup d'occasions qu'on dit ce qu'il ne
faudrait pas, et qu'on ne dit pas ce qu'il faudrait. Royer-
Collard ne parlait jamais assez ; Martignac, Foy, Casimir Périer, ne parlaient jamais trop ; tel autre législateur
ne se tait pas assez souvent, car son silence est le seul
bien qu'il puisse faire au pays.

Chaque époque a ses besoins ; chaque époque doit four-
nir une chambre élective en rapport avec les besoins ac-
tuels du pays.

Il ne s'agit plus aujourd'hui de reconstruire la monar-
chie comme en 1789 ; c'est fait. Il ne s'agit pas, comme
en 1793, de défendre la nationalité française ; elle n'est
plus attaquée. Il ne s'agit pas, comme en l'an VIII, de re-
bâtir l'édifice social sur les décombres de la vieille monar-
chie et de la république ; c'est fait. Il ne s'agit plus,

comme en 1816, de coordonner le régime constitution-
nel avec l'administration de l'empire ; c'est fait. Il ne s'a-
git plus, comme en 1831, de juger si la paix vaut mieux
que la guerre, la tranquillité mieux que l'émeute ; c'est
jugé, Dieu merci.

Le moment est venu d'entrer à pleines voiles dans les
améliorations matérielles et morales de toute espèce ; de
donner à l'agriculture, au commerce, à l'industrie, aux
arts, aux sciences, tout l'essor possible ; de relever notre
marine et nos colonies ; de créer en Algérie une seconde
France ; d'asseoir l'impôt avec plus d'équité, d'intelli-
gence ; de nous donner de bonnes alliances ; d'améliorer
le sort des classes laborieuses ; de diminuer le nombre des
indigents et de mieux secourir les malheureux

L'économie sociale va détrôner les partis.

Appelons à la chambre des agronomes, d'habiles négo-
ciants, de grands industriels, des savants, des artistes,
des marins, des jurisconsultes, des économistes surtout,
des statisticiens, des professeurs, des guerriers, des finan-
ciers, des diplomates, des ingénieurs ; mais ayons soin de
choisir ceux dont l'esprit est assez élevé pour embrasser
dans leur ensemble tous les besoins, toutes les ressources,
tous les intérêts d'une si grande nation, au bonheur de
laquelle 80,000 lois ne suffisent pas.

Que chacun de nous se pénètre de la haute importance du vote qu'il émet ; qu'il vote, qu'il vote bien ;
qu'il fasse en sorte que les autres votent et votent bien ;
nous aurons une représentation nationale rayonnante de
lumière, et nous verrons les améliorations se succéder,
plus nombreuses et plus complètes.

Il y aura toujours une opposition : l'opposition est de
l'essence du gouvernement que nous avons adopté ; l'op-

position d'ailleurs est dans le caractère français. Mais, au lieu de cette opposition tracassière qui repousse tout, *même le bien;* au lieu de cette opposition imprudente, qui gratte sans cesse le pied de l'arbre social au risque de le déraciner ou d'arrêter sa croissance ; au lieu de cette opposition imprévoyante qui s'efforce d'énerver le pouvoir, le pouvoir dont elle aurait besoin elle-même pour faire le bien qu'elle rêve ; au lieu de cette opposition moitié constitutionnelle, moitié inconstitutionnelle, nous aurons la noble et savante opposition de Russel à Peel ou de Peel à Russel ; nous aurons l'opposition que suppose la Charte, opposition, qui, sentinelle avancée du bonheur, de l'indépendance et de l'honneur du pays, flagellera tous les abus, demandera toutes les améliorations nécessaires, et signalera toutes les fautes du pouvoir : les fautes commises, pour les faire promptement réparer ; celles qu'on va commettre, pour les empêcher. Une telle opposition sera un *contrôle,* non un *obstacle* au bien ; un élément de prospérité, de force, et non une torche d'incendie. La chambre alors sera divisée en deux fractions : la plus nombreuse ayant à sa tête les ministres ; la moins nombreuse, ceux qui aspirent à le devenir. Ceux qui tiendront le gouvernail feront le plus de bien possible, afin de s'y maintenir ; ceux qui voudront le leur enlever proposeront plus de bien encore, pour être préférés. Tous concourront à l'accroissement de notre prospérité.

Voilà, Mesieurs, le but auquel nous devons tendre, auquel nous parviendrons, si nous savons choisir nos députés. Gardons-nous d'envoyer à la Chambre des *boules* préparées *pour* ou *contre* le gouvernement ; d'appuyer ou de combattre *systématiquement* le cabinet : ce serait manquer le but. Nous voulons le *bien,* le *mieux;* nous ne voulons jamais le *mal* ni le *pire*. Nous voulons marcher dans la voie du progrès ; nous ne voulons ni rétrograder, ni nous arrêter. Nous voulons hâter sagement la marche du corps social vers les améliorations ; nous avons tous intérêt à empêcher qu'on mette des bâtons dans les roues du char qui nous porte, et dont la chûte serait funeste à tous. Que nous importe le nom des ministres ! Ayons une *majorité* sagement progressive, nous aurons forcément un ministère sagement progressif.

— Mais comment faut-il faire ? — Écoutez :

S'il est parmi vous un homme intègre, éclairé ; un homme dévoué à la France, dévoué à ses institutions ; un homme indépendant et par son caractère, et par sa fortune, et par sa position ; si vous avez le bonheur de le posséder, et s'il consent à vous donner tout son temps, et son puissant patronage (le patronage d'un tel député sera bientôt puissant, s'il ne l'est déjà) ; donnez-lui vos voix sans attendre qu'il les sollicite ; en ménageant sa dignité, vous augmentez sa force. Gardez-vous de le soumettre au lit de *Procuste ;* ne lui dites pas : il faut que tu votes pour ou contre M. *Tel.* S'il est digne de la députation, il refuserait vos suffrages ; laissez-le maître de lui-même. La Charte jurée, voilà sa règle. Il vous faut un homme éclairé, ne lui fermez pas les yeux ; il vous faut un homme indépendant, ne le garrottez pas. Vous le croyez supérieur à vous, laissez-le donc examiner, et juger après examen. N'exigez pas qu'il décide un si grand procès avant d'avoir entendu toutes les parties, avant d'avoir vu lui-même toutes les pièces. Choisissez bien votre arbitre, il jugera bien.

Si vous n'en trouvez pas auprès de vous, cherchez dans

le département, dans la contrée, plus loin même, s'il le faut; Martignac n'était pas de Marmande.

Quand les électeurs éclairés de votre collége auront fait un bon choix, qu'ils s'unissent, qu'ils ne négligent rien; ce choix sera toujours ratifié. C'est sur vous, électeurs éclairés, c'est sur vous que pèse et que doit peser toute la responsabilité de l'élection. Quand elle est mauvaise, c'est que vous n'avez pas su chercher, ou que vous n'avez pas su vous entendre. Le bons sens des électeurs moins éclairés leur dit qu'ils doivent marcher sous votre drapeau.

Nous voulons jouir des avantages du gouvernement représentatif; sachons faire ce qui est indispensable.

Choisissons bien, tout ira bien.

Un Électeur.

Paris, 17 juillet 1846.

Imprimerie de GUIRAUDET et JOUAUST, 315, rue S.-Honoré.